**글** 소피 쿠샤리에

1967년에 프랑스 보르도에서 태어났으며, 지금은 기자로 활동하고 있어요. 새내기 부모를 위한 자녀 교육법을 펴냈고, 최근에는 부모와 아이가 함께 읽을 수 있는 글을 쓰고 있답니다.

**그림** 에르베 르 고프

1971년에 프랑스 브르타뉴에서 태어났어요. 보자르 예술학교를 졸업한 뒤, 1997년부터 어린이 책에 그림을 그렸지요. 뤼에유 말메종 일러스트레이션 상과 브리브 라 가이야르드 어린이 책 상을 받았고, 주요 작품으로는 《괴물이 나타났다》《고양이 우체부의 비밀》이 있어요.

**옮김** 이영희

프랑스 브르타뉴 남 대학교에서 현대 출판학 석사 학위를 받았고, 헨느 대학에서 조형 미술학 박사 과정을 마쳤어요. 지금은 프랑스 르망 대학교 어학당에서 한국어를 가르치며, 전문 번역가로 활동하고 있어요. 우리말로 옮긴 책으로는 《가을》《겨울》《소년을 위한 그림 동화》등이 있어요.

푸른숲 새싹 도서관 18

# 여름

**첫판 1쇄 펴낸날** 2014년 2월 24일 | **5쇄 펴낸날** 2021년 4월 30일 | **글** 소피 쿠샤리에 | **그림** 에르베 르 고프 | **옮김** 이영희 | **발행인** 김혜경 | **편집인** 김수진 | **주니어 본부장** 박창희 | **편집** 길유진 진원지 문새미 | **디자인** 전윤정 정진희 | **마케팅** 이상민 | **경영지원국** 안정숙 | **회계** 임옥희 양여진 김주연 | **인쇄** 영신사 | **제본** 에이치아이문화사 | **펴낸곳** (주)도서출판 푸른숲 | **출판등록** 2002년 7월 5일 제406-2003-032호 | **주소** 경기도 파주시 회동길 57-9, 우편번호 10881 | **전화** 031)955-1410 | **팩스** 031)955-1505 | **홈페이지** www.prunsoop.co.kr | **이메일** psoopjr@prunsoop.co.kr | ⓒ푸른숲주니어, 2014  ISBN 979-11-5675-001-7 (74860)  978-89-7184-671-1 (세트)

잘못된 책은 구입하신 서점에서 바꾸어 드립니다. 본서의 반품 기한은 2026년 4월 30일까지입니다.
KC 마크는 이 제품이 공통안전기준에 적합하였음을 의미합니다. 던지거나 떨어뜨려 다치지 않도록 주의하세요.

**livre bleu de l'ete**
ⓒ Flammarion 2013
All rights reserved.
Korean Translation Copyright ⓒ 2014 Prunsoop Publishing Co., Ltd.
This Korean edition is published by arrangement with Flammarion s.a. through Pauline Kim Agency, Korea.

이 책은 PK에이전시를 통한 저작권자와의 독점 계약으로 ㈜도서출판 푸른숲에서 출간되었습니다. 저작권법에 의해 한국 내에서 보호를 받는 저작물이므로 무단 전재와 무단 복제를 금합니다.

1월　　2월　　3월　　4월　　5월　　6월

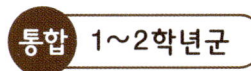

# 여름

소피 쿠샤리에 글 에르베 르 고프 그림 이영희 옮김

푸른숲주니어

하늘에 구름 한 점 없는 여름날이에요.
햇볕이 쨍쨍 내리쬐고, 땀이 뻘뻘 흘러요!
시원한 그늘 아래서 잘 익은 수박이랑 차가운 아이스크림을 먹고 싶어요.
여름 방학이 되면 첨벙첨벙 수영을 하러 갈 거예요!
나는 여름이 제일 좋아요!

• 하지 : 일 년 중 해가 가장 높이 뜨고 낮이 가장 긴 날이에요.

### 여름이 왔어요!

우리나라의 여름은 보통 6월부터 8월까지를 말해요. 천문학적으로는 하지(6월 21일경)부터 추분(9월 23일경) 전까지를, 우리나라의 절기로는 입하(5월 5일경)부터 입추(8월 8일경) 전까지를 여름으로 보지요. 여름이 되면 남쪽에서 덥고 습한 공기가 밀려와 무더운 날씨가 이어져요.

**여름에는 해가 아주 일찍 떠요!**
나는 일어나자마자 창가로 달려갔어요.
이른 아침인데도 뜨거운 햇빛이 집 안 가득 비쳤어요.
엄마가 다정하게 아침 인사를 했어요.
"안녕, 잘 잤니? 오늘은 정말 덥겠다!"
나는 창문을 활짝 열며 대답했어요.
"그래도 나는 여름이 제일 좋아요!"

"오늘처럼 더운 날에는 밖에서 너무 오랫동안 놀지 말고,
물을 자주 마시도록 하렴!"
엄마가 말했어요.

나는 창밖으로 시원한 바다가 펼쳐지는 상상을 했어요.
작은 돛단배를 타고서 신나는 모험을 떠나고 싶었어요.
"엄마, 빨리 여름 방학을 하면 좋겠어요!"

**여름철에는 물을 자주 마셔요!**
날씨가 더우면 우리 몸은 땀을 흘려서 체온을 조절해요. 한여름에는 땀을 지나치게 많이 흘려서 몸속의 수분이 부족할 수 있어요. 그럴 경우에 쉽게 피곤해지고 병에 걸리기 쉬우므로 물을 충분히 마셔야 해요.

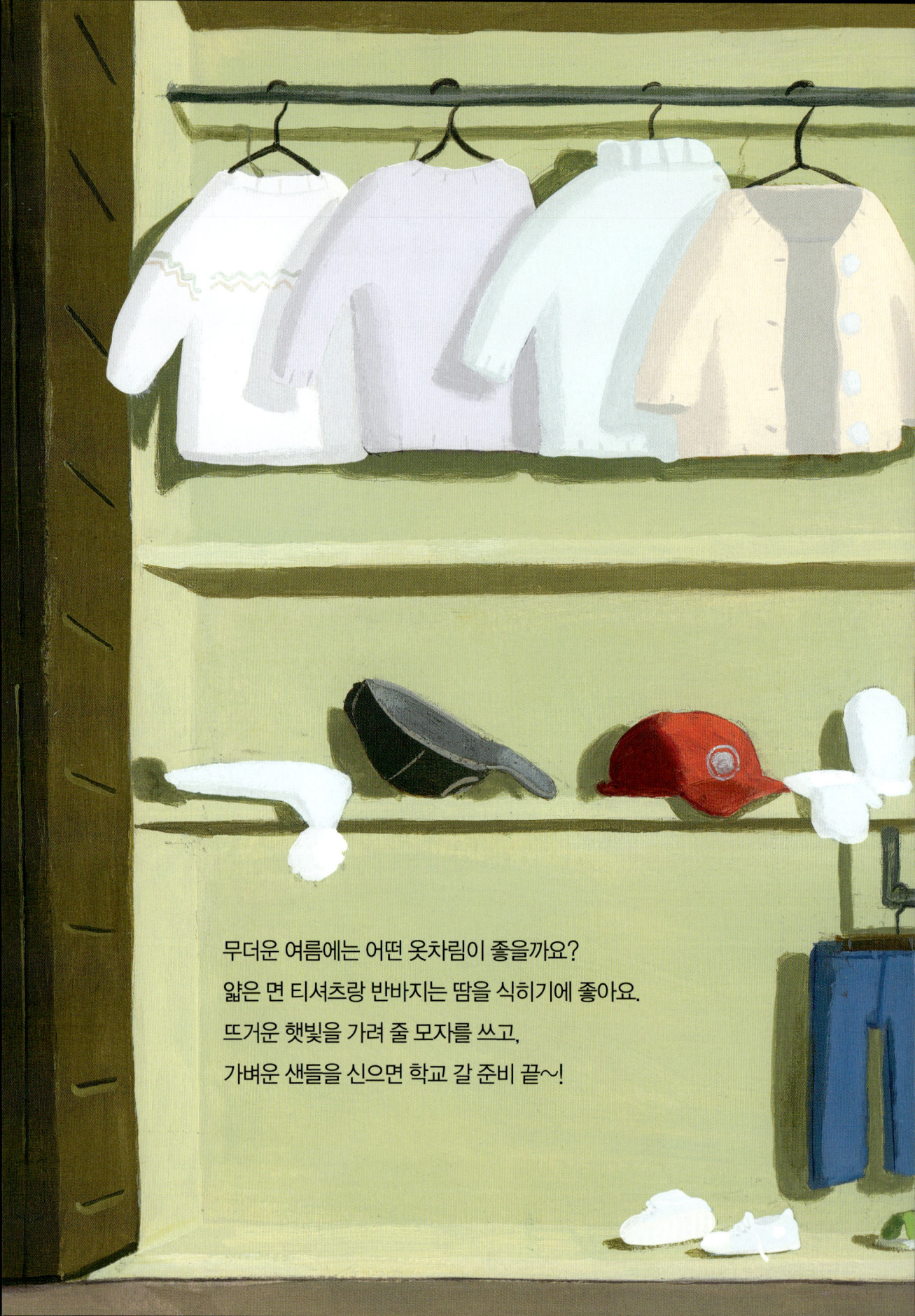

무더운 여름에는 어떤 옷차림이 좋을까요?
얇은 면 티셔츠랑 반바지는 땀을 식히기에 좋아요.
뜨거운 햇빛을 가려 줄 모자를 쓰고,
가벼운 샌들을 신으면 학교 갈 준비 끝~!

밖으로 나서자 햇살이 눈부시게 비쳤어요.
과일 가게 앞에 놓인 토마토가 햇빛을 받아 반짝반짝 빛났어요.
나무마다 초록색 나뭇잎이 더 무성해졌고,
맴맴, 매미들이 큰 소리로 노래했어요.
어느덧 이마에 땀이 송골송골 맺혔어요.

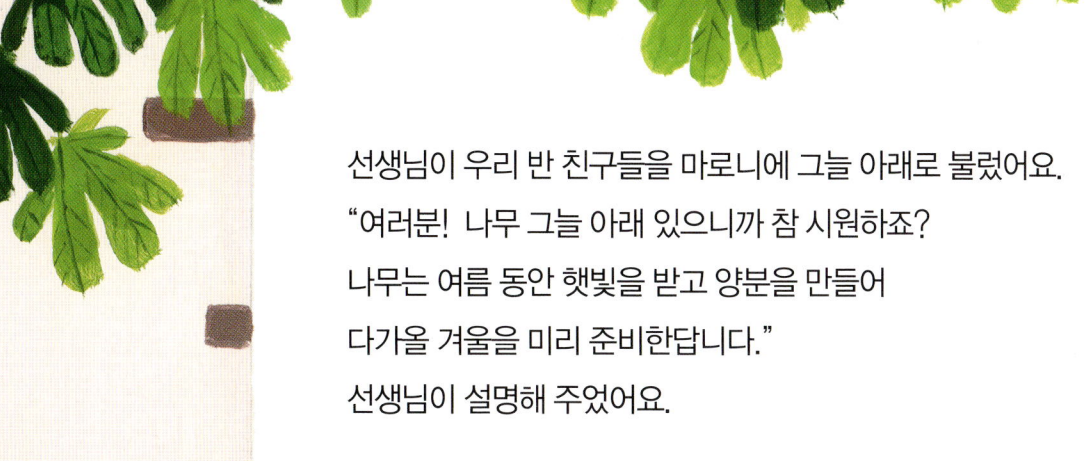

선생님이 우리 반 친구들을 마로니에 그늘 아래로 불렀어요.
"여러분! 나무 그늘 아래 있으니까 참 시원하죠?
나무는 여름 동안 햇빛을 받고 양분을 만들어
다가올 겨울을 미리 준비한답니다."
선생님이 설명해 주었어요.

**여름에는 곤충들을 많이 볼 수 있어요!**
여름에는 나비, 무당벌레, 풍뎅이, 벌, 모기와 같은 곤충과 거미도 자주 볼 수 있어요. 모기의 암컷은 사람과 동물의 피를 빨아 전염병을 일으키기도 하니까 물리지 않도록 조심해야 해요.

나는 친구들과 함께 나뭇잎 배를 띄우며 놀기로 했어요.
커다란 대야에 물을 가득 채우고 나뭇잎을 띄웠지요.
그런 다음, 자기 나뭇잎을 후후 불었어요.
야호! 내가 띄운 나뭇잎 배가 반대편에 가장 빨리 도착했어요!

나는 엄마가 말한 대로 물을 자주 마셨어요.

점심시간에는 밥을 맛있게 먹고 난 다음에
후식으로 달콤한 단호박과 요구르트를 먹었지요.

### 냠냠, 맛있고 몸에 좋은 여름 간식 만들기
## 구운 살구

🍳 **준비물** : 살구 12개, 꿀 3스푼, 허브(로즈마리나 타임) 한 줌, 기름 1스푼

1. 살구를 반으로 자르고 씨를 빼내요.

2. 반으로 자른 살구에 꿀을 붓고, 허브를 솔솔 뿌려요.

3. 살구를 오븐용 그릇에 담은 후 기름을 살짝 뿌려요.

4. 오븐에 그릇째 넣고 노릇노릇해질 때까지 구우면 완성!

※ 오븐은 꼭 엄마 아빠와 함께 사용하도록 해요!

오후에는 햇볕이 더 뜨거워졌어요.
나와 친구들은 운동장에 나가는 대신 도서관에 옹기종기 모여 앉아,
선생님이 들려주는 이야기를 들었어요.
무더위를 피해 책을 읽는 것도
밖에서 뛰어노는 것만큼 재미있었어요.

여름과 관련된 동요를
함께 불러요!

**햇볕은 쨍쨍**
햇볕은 쨍쨍 모래알은 반짝
모래알로 떡 해 놓고
조약돌로 소반 지어
언니 누나 모셔다가
맛있게도 냠냠

집에 가는 길에 그림자가 자꾸만 내 뒤를 따라왔어요.
그림자는 따라쟁이예요.
내가 팔을 올리면 그림자도 따라서 팔을 올리고,
내가 씩씩하게 걸으면 그림자도 따라 걸어요.
그림자와 신나게 장난을 치는데,
부릉! 시끄러운 소리를 내면서 자동차가 지나갔어요.
"어휴, 저 새카만 매연 좀 봐.
거리에 차가 많아서 더 더운 것 같아!"
엄마가 말했어요.

자동차의 매연

**매연이 공기를 오염시켜요!**
여름에는 도시가 시골보다 더 더워요. 대기 오염 물질이 도시의 공기 속에 가득 차 있기 때문이에요. 공장의 굴뚝에서 나오는 연기, 거리를 씽씽 달리는 자동차, 에어컨 실외기에서 나오는 뜨거운 바람 등이 대기 오염 물질을 만들어요. 이 오염 물질은 몸속에 들어와 나쁜 영향을 끼치지요. 여름철의 대기 오염을 줄이기 위해서는 에어컨을 적절히 사용하고 대중교통을 이용하는 게 좋아요.

저녁이 되자,
온 가족이 공원으로 갔어요.
잔디밭에 앉아 엄마가 싸 준 샌드위치를 먹으니
꼭 소풍을 온 것 같았어요.

어느덧 해가 져서 깜깜한 밤이 되었어요.
아빠가 재미있는 별자리 이야기를 들려주었어요.
"저기 별똥별이다. 어서 소원을 빌어 보렴!"
나는 마음속으로 소원을 빌었어요.

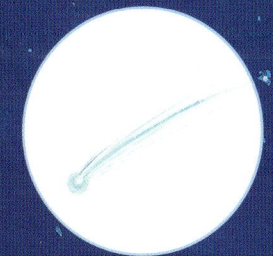

## '별똥별'은 무엇일까요?

'별똥별'은 '유성'을 일상적으로 부르는 말이에요. 유성은 별의 파편이나 우주의 작은 먼지가 지구 대기권 안으로 들어와 빛을 내며 떨어지는 것을 말하지요. 우리나라에서도 해마다 8월에 밤하늘을 아름답게 수놓는 '페르세우스 유성우'를 볼 수 있어요!

이제 잘 시각이에요.
번쩍번쩍, 우르릉 쾅쾅!
갑자기 번개가 치고, 천둥소리가 들렸어요.
비가 오려나 봐요.
내일 아침에 눈을 뜨면
다시 활짝 갠 하늘을 볼 수 있겠지요?

# 알쏭달쏭 궁금해요!

**햇볕이 쨍쨍~ 여름은 정말 더워요!**

여름은 사계절 중 가장 더운 계절이에요. 6월로 들어서면 햇빛이 강하게 내리쬐고 해가 길어져 기온이 크게 올라가요. 최근에는 이상 고온 현상으로 우리나라의 여름이 더욱 더워지고 있어요.

· 기상청 홈페이지 : www.kma.go.kr

### 장마와 태풍

6월 하순부터 7월 하순까지 비가 많이 내리는 시기를 '장마'라고 해요. 장마는 기온이 높고 습한 공기 덩어리와 차갑고 습한 공기 덩어리가 만나서 오랫동안 흐린 날씨가 이어지고 비가 내리는 현상이에요. 태풍은 강한 바람과 비를 동반한 열대성 저기압이에요. 보통 7월~9월에 우리나라를 지나가면서 많은 피해를 입히기도 해요.

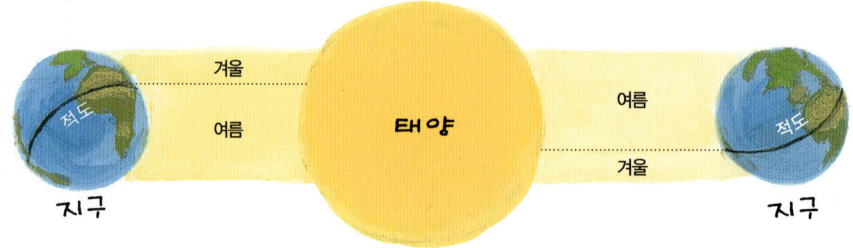

### 우리나라와 계절이 반대인 곳이 있어요!

지구가 기울어진 채 태양 주위를 맴돌기 때문에 태양빛을 많이 받는 지역과 적게 받는 지역이 생겨요. 북반구가 태양 쪽으로 기울어져 많은 열과 빛을 받으면 우리나라는 여름이 되고, 그 반대편 지역은 추운 겨울이 되지요.

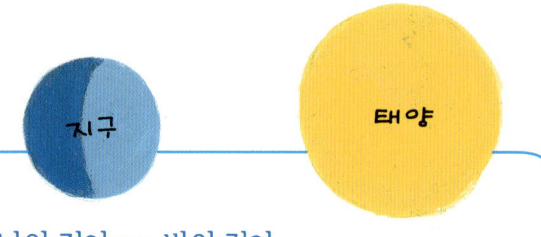

### 낮의 길이 vs. 밤의 길이

여름이 되면 해가 이른 새벽에 뜨고 늦게 져서 낮의 길이가 매우 길어져요. 일 년 중 낮이 가장 긴 날을 '하지'라고 부른답니다. 하지가 지나면 기온이 크게 올라서 몹시 더워져요.

### 앗, 그림자가 짧아졌어요!

여름에는 해가 남쪽 하늘에 아주 높이 떠서 마치 우리의 머리 꼭대기에 있는 것처럼 느껴져요. 그래서 햇빛이 땅 위에 비스듬히 닿는 겨울보다 그림자가 짧고 뚜렷하게 생긴답니다.